1914-1918

THE WORLD WAR ONE

THE AUTHORS

Luca Stefano Cristini has edited various publications on ancient and contemporary historical themes, including books on thirty years war, Medieval, Napoleonic as well as several illustrated books with historical color photographs. He has also curated all the brands of Soldiershop publishing.

Joel Bellviure is a young Spanish historical researcher. He is particularly interested in early color photography techniques, colourisation, and History. He is currently studying History at the University of Barcelona. He is also the creator of Cassowary Colorizations.

PUBLISHING'S NOTES

None of unpublished images or text of our book may be reproduced in any format without the expressed written permission of Soldiershop.com when not indicate as marked with license creative commons 3.0 or 4.0. Soldiershop Publishing has made every reasonable effort to locate, contact and acknowledge rights holders and to correctly apply terms and conditions to Content. In the event that any Content infringes your rights or the rights of any third parties, or Content is not properly identified or acknowledged we would like to hear from you so we may make any necessary alterations. In this event contact: info@soldiershop.com. Our trademark: Soldiershop Publishing ©, The names of our series & brand: Museum book, Bookmoon, Soldiers&Weapons, Battlefield, War in colour, Historical Biographies, Darwin's view, Fabula, Altrastoria, Italia Storica Ebook, Witness To History, Soldiers, Weapons & Uniforms, Storia etc. are herein © by Soldiershop.com.

LICENSES COMMONS

This book may utilize part of material marked with license creative commons 3.0 or 4.0 (CC BY 4.0), (CC BY-ND 4.0), (CC BY-SA 4.0) or (CC0 1.0). We give appropriate attribution credit and indicate if change were made in the acknowledgements field. Our Museum books utilize only fonts licensed under the SIL Open Font License or other free use license.

ACKNOWLEDGEMENTS

A Special Thanks to the Europeana Collections, K.u.k. Kriegspressequartier, Lichtbildstelle - Wien, at the authors and publisher of the book: *"Bergamo nella grande Guerra"*, Provincia di Bergamo, Storylab and at all the several institution, museum, library, bibliotecks, public or private collection & athenaeums that with their positive copyright policy about part of his collections, allows us the use of many images present in our books. We remember same of this great World Institutions: New York Public Library, Rara CH, Heidelberg Biblioteck University, US Library of Congress, Riikmuseum of Amsterdam, Dusseldorf University Library, Polona Library, Herzog August Bibliothek of Wolfenbüttel, Stuttgart Bibliothek, SLUB Dresden, Frankfurt am Main Universitätsbibliothek, Europeana, Wikipedia, and many others...

Alla mia figlia spagnola..!

Title: **1915-1918 LA GUERRA ITALO AUSTRIACA** - 1915-1918 The Great war in color - Italian & Austrian front By Luca Stefano Cristini e Joel Bellviure. Prefazione di Pierluigi Romeo di Colloredo Mels

ISBN code: 978-88-93272803 First edition September 2017

Code.: WW1-001,

Cover & Art Design: Luca S. Cristini

WW1&2 brand is a trademark of Soldiershop Publishing, via Padre Davide, 7 - 24050 Zanica (BG) ITALY.

1915-1918
LA GUERRA
ITALO-AUSTRIACA

1915-1918 THE GREAT WAR IN COLOR- ITALIAN & AUSTRIAN FRONT

BY LUCA STEFANO CRISTINI & JOEL BELLVIURE
PREFAZIONE DI PIERLUIGI ROMEO DI COLLOREDO MELS

BOOKS TO COLLECT

THE GREAT WAR IN COLOUR

EXTRAORDINARY COLOURISED IMAGES BRING TO LIFE THE HORRORS FACING ALL THE SOLDIERS DURING THE FIRST WORLD WAR

When you look at old black and white photos, the past seems very far away. This is especially apparent with First World War photographs. Soldiershop is proud to present in the 100th anniversary of the end of the First World War his project of colorized images of the WW1, The images featured not only the great battles of the war, but also life on the home front, wartime industries, the hospitals, the advances in the field of technology and communications ...

The Great War in Colour project will consist of colourizing of several of the better images about the year 1914-1918 from various Library and Archives of the world.

A Special Thanks to the several institution, museum, library, bibliotecks, public or private collection & athenaeums that with their positive copyright policy about part of his collections, allows us the use of many images present in our books realized for the centennial of the Armistice.

Several million black-and-white photos exist in the world's archives of events during the First World War, captured in myriad photographs on all sides of the front. Most of this photos show the devastating events of the Great War were.

Since then, a lot of books of black-and-white photographs of the war have been published as all nations endeavour to comprehend the scale and the carnage of the "terrible war of the 20th century". To mark the centenary of the outbreak of war, our books brings together all of these remarkable, fully recolored images of WW1.

The volume represents the work of several artists and collaborators of Soldiershop, but especially it is based on the work of the two main authors: Luca Cristini and Joel Bellviure.

Our book presents all the text of the plates in English and Italian language.

◄ 1917, August. The Austrian officer-pilot Josef Siegel on his fighter plane.
1917, agosto Il pilota Josef Siegel sul suo aereo da combattimento monoposto.

LA GRANDE GUERRA A COLORI

STRAORDINARIE IMMAGINI RICOLORATE RIDANNO VITA AGLI ORRORI PATITI DA TUTTI I SOLDATI DURANTE LA PRIMA GUERRA MONDIALE

Quando si guardano le vecchie foto in bianco e nero, il passato sembra molto lontano. Questo è particolarmente evidente soprattutto con le fotografie della prima guerra mondiale. Soldiershop, nel centenario della Grande Guerra vi offre una biblioteca unica e innovativa con questa serie di foto colorate della prima guerra mondiale.

Le immagini non trattano solo le importanti battaglie della guerra, ma anche la vita sul fronte domestico, le industrie, gli ospedali, i progressi della tecnica e delle comunicazioni...

Il progetto "Great war in colour" consiste nella accurata selezione e poi ricolorazione di alcune delle migliori immagini relative agli anni 1914-1918 provenienti da varie biblioteche e archivi del mondo.

Il nostro ringraziamento speciale va a tutte quelle diverse istituzioni, musei, biblioteche, collezioni pubbliche o private e atenei che con la loro politica aperta in materia di copyright relativa all'uso di parte delle loro collezioni ci hanno permesso l'uso di molte immagini presenti nei nostri libri realizzati specificatamente per il centenario dell'armistizio .

Diversi milioni di foto in bianco e nero esistono negli archivi mondiali di eventi relativi alla prima guerra mondiale, una miriade di "scatti" raccolti su tutti i lati del fronte, per lo più da fotografi rimasti anonimi. La maggior parte di queste foto mostrano gli eventi devastanti della Grande Guerra, ma anche la vita di tutti i giorni nelle trincee e nelle linee di prossimità e nelle retrovie. Ed ancora negli ospedali, nelle cucine nelle fabbriche impegnate nello sforzo bellico.

Da allora, sono stati pubblicati moltissimi libri di fotografie in bianco e nero della guerra, in quanto tutte le nazioni, coinvolte e no, si sono sforzate di comprendere la scala, la carneficina e tutte le terribile complicazioni provocate dalla "terribile guerra del XX secolo".

Per celebrare il centenario dello scoppio della guerra, i nostri libri riuniscono tutte queste straordinarie e ricolorate immagini della WW1.

Il volume rappresenta l'opera di diversi artisti e collaboratori di Soldiershop, ma si basa soprattutto sul lavoro dei due principali autori: Luca Cristini e Joel Bellviure.

I libri della serie WW1 presentano tutto il testo e le note didascaliche in lingua inglese e italiana.

◄ Italian soldiers from the Great War pose to celebrate the end of the conflict.
Soldati italiani reduci della Grande Guerra posano per festeggiare la fine del conflitto.

The Italo-Austrian War 1915-1918. Why remember it one hundred years later?

By Pierluigi Romeo di Colloredo Mels

The First World War marked the highest point reached by Italy in its millenary history. An inferior army concerning traditions, history, and training, opposed to Austro-Hungarian, considered the best European army after Germany, after having fought in hard conditions for eleven offensives, was on the verge of winning the war without Allied aid in 1917 -so much, that Austria had to ask for help of its German ally- and when it was overtaken in Caporetto in October of the same year, it could retain the advancing enemy on the Grappa and the Piave, without any help once again from France and the UK, and finally win in the last offensive that began on October 24, exactly one year after breaking through Caporetto.

All this was achieved at the price of huge sacrifices in the country and the forefront at the cost of 680,000 casualties, inflicting the enemy more losses than their own. The same nation, despite shaken moments, such as attempts to subversive uprising in Turin with massive Socialists well funded by the Germans, and the opposition and the systematic underground propaganda of the Protestant and reactionary clergy, had given great evidence of cohesion and productivity. Above all, the old myth of Italy as not belligerent was denied.

They had bereaved, and they had won: the same Italy which sixty years earlier Metternich had defined with amused contempt *geographical expression* had succeeded where Soliman the Magnificent, Gustavus Adolphus of Sweden, Frederick the Great, and Napoleon had failed, breaking the neck to the '*hated Austrian chicken*' forever.

A clarification of the numbering of the Battles of the Isonzo seems necessary. The amount of twelve Battles of the Isonzo is conventionally accepted by all historians: this is because the numbering of the Austrian is widely used, which calls the offensive demonstration of March-April 1916 the fifth battle, demanded by the Allies to ease the pressure against Verdun, and seventh, eighth and ninth to the short *Karst charges* of September-November 1916, which are hardly deserved to be called battles or offensive. During the World War, propaganda writers and journalists in Austria told, in propaganda brochures, articles and magazines, the struggle on the Karst-Isontino front to increase, even numerically, the magnitude of the Italian efforts and the courage of the defence of the troops of Boroevich. For the same reason, the Isontino counter-offensive battles of Austrian forces do not appear, since they always concluded with failures or with slight -and temporary- recovery of the land lost during the Italian shrug. For this reason, the Austrian authors classified, according to the denomination still accepted today:

- 1st, 2nd, 3rd and 4th battles, the offensive of 1915.
- 5th battle, the offensive show of March-April 1916.
- 6th battle, the seizure of Gorizia.
- 7th, 8th, and 9th battles, the limited attacks of September-November 1916 on the Karst.
- 10th, the offensive of May 1917.
- 11th battle, the conquest of Bainsizza.
- 12th battle, the breakup of the 2nd Army's front by the Austro-Germans, or Battle of Caporetto.

◀ The Italian *generalissimo* Luigi Cadorna - *Il generalissimo Luigi Cadorna comandante dell'esercito italiano.*

The Isontino and Karst charges are indeed criticized so much by coffeehouse critics, but they helped to destroy the imperial morale. Antonio Sema once wrote:

The incidence of heavy losses on morale, Antonio Sema wrote, leads to a gradual weakening of the Austro-Hungarian soldier on the Soča. In the second half of 1916, in fact, Italians note a decline in moral tone because the image of the Italian vile army contrasts with the fatality of the Isonzo front which the troops do fear, preferring to be sent to the Russian one. The Austro-Hungarian units from that front at the end of 1916 appear to have a higher morale than those forced to undergo the Isontino slaughterhouse.[1]

A confirmation is found in Hofbauer's book, in which he stated:

They went North. They moved away from the Karst. What a joy! Maybe they went to Russia. That front was not as bad as this Isonzo. Ah, not gazing this pile of stones anymore![2]

Today the Battle of Bainsizza is forgotten. Yet the Italian Supreme Command with the Battle of Bainsizza (or XI Battle of the Isonzo) managed to obtain the greatest territorial gains achieved by an Allied army on the western front since the Battle of the Marne in 1914 when Joffre stopped the German offensive on Paris. As the official Italian report writes, it was:

One of the most grandiose operations of the whole war, one of the brightest offensive on the whole European chess, one of the greatest victories -militarily, perhaps, the greatest of our Army.[3]

A good summary of the offensive results that should be known comes from General Arz von Straussemburg, Austro-Hungarian Chief of Staff:

The battle of Bainsizza ... if over Karst Plateau our opponent had allowed to cross the first line and take some small steps in the area of Selo, it would have been a major threat to our defensive accommodation, especially to the south of the Tolmino bridge head. The enemy succeeded in overcoming the Isonzo at Auzza, then pushed beyond the Vhroperando, then breaking at the second line foot on the Jelenik, and overwhelmed the positions between this mountain and Desola, thus threatening to divert all the our residual defences. The besieging on the edge of the Bainsizza-Lom Plateau, if the Austro-Hungarian troops had pulled away from the Italian batteries for some time, would not have allowed any longer to exploit the natural obstacle of the Isonzo.[4]

Even too often it is forgotten that long-lost shrugged victories proved to be victorious in bringing Austria-Hungary to the brink of defeat: during the Seventh Battle of the Isonzo, also known as the Battle of Bainsizza, in the High Commands, Austrians began to spread the worrying certainty that the repetition of the Italian offensive, the much criticized Cadorna's charges, could have brought within a very short time to the collapse of the front and the Italian breakthrough towards Ljubljana. Ludendorff recalled in his memoirs that Spa feared that without the German intervention the Austro-Hungarian army could defect (as witnessed by the Quartiermaster General itself) at the beginning of winter:

By the end of August, the 11th Battle of the Isonzo, on a seventy mile wide, began on the Isonzo front, and had brought success to the Italians. At the beginning of September, the struggle continued vigorously. It was a new success for the Italians. The Austro-Hungarian armies had resisted, but their losses had been so severe and their morale so shaken that in the relevant military and political circles of Austria-Hungary came the conviction

---

1   Antonio Sema, *La Grande Guerra sul fronte dell'Isonzo*, Gorizia 2009, p. 266. It should be said that there are no studies on the methods used for imposing discipline in the Austro-Hungarian army, certainly not as much as the Italian ones, so reprobated. The only work we know, very scarce and dated, is that of H. Hautmann, *Kriegsgesetze und Militärjustiz in der österreichischen Reichshälfte 1914- 1918*, in *Justiz und Zeitgeschichte. Veröffentlichung der L. Boltzmann Institut*, Salzburg 1977, pp. 101- 115.

2   Hofbauer, *Der Marsch ins Chaos*, Wien 1930, p. 69 it. translation

3   Ufficio Storico SME, *L'Esercito Italiano nella Grande Guerra*, vol. IV°. *Le operazioni del 1917, n. 3 , Gli avvenimenti dall'ottobre al dicembre, Narrazione*, Rome 1967, p. 10.

4   Arz von Straussemburg, cit. in Primicerj, *Lubiana o Trieste*, Milano 1986, pp. 239-240

that the Austro-Hungarian armies would not support a continuation of the battle and a twelfth attack on the Isonzo. [...] The action against Italy had to be decided to prevent the ruin of Austria. [5]

Even more explicit was Hindenburg:

Our Austro-Hungarian ally declared that it would no longer have the strength to withstand a twelfth attack on the Isonzo front. This statement was of great military and political significance to us: it was not only the loss of the Isonzo line, but of the collapse of all our resistance. [6]

One of the best Hapsburg generals, General der Infanterie Alfred Krauss wrote in his memoirs about Cadorna that:

If the Allies [the Central Empires] did not have him with the strongest hand torn the palm of victory, passing by themselves to the attack in the twelfth battle of the Isonzo, he would have certainly broken, in the twelfth attack, to which he would have pushed with strong will his Italians, his front and would take over from Trieste.

The German liaison officer between the two Major States, General von Cramon, was lapidary, reporting both in Vienna and Berlin:

It was expected [...] during the summer of 1917, that the collapse of the Austro-Hungarian Army was near and certain. [7]

For this reason, the proud Viennese were forced, forcibly, to ask for the help of the hated Prussian (which led to Caporetto's breakthrough). Let us remember what this war was about by recounting the words of Archduke Joseph of Habsburg, commander of Hungarian troops, referring to the Doberdò sector. There are very few known lines, but very important for the source they come from, and for the extraordinary liveliness, especially for a General of the Great War, with terms to superiors that would be unthinkable to those who were not of imperial origin:

[...] Come here Conrad and Boroevich; here they are ordering to keep the plateau inevitably, nevertheless, without tiring the troops too much. Here, where I can hardly master myself without fleeing covering my nose and eyes. I am completely out of my mind; because what I saw today is so impressive that I really should be happy for not going mad at this situation. At least the world knew what war is and above all what is Doberdò! Let Dante sing here the hell of hells, and at the same time, these great souls that endure here without saying a single motto!

[...] With all my soul I must express my wonder to the Italians; such tenacious patience in the attacks, with such losses, is something I never saw! Several senior officers I know can tell you that the war against the Italians is easy. It's not true! I have never seen more terrible fights than those fought at Doberdò, and not even comparable to this one -I, who has seen every front!

These are words to meditate about: first the nationalist rhetoric and then the systematic dissection ended up throwing the sacrifice of the fighters of the Italian front as if there was no middle ground between oleographic images of heroes advancing in the sun waving tricolours or flags with the double-headed eagle, and offering the open chest to the enemy machine guns, and those opposed to masses of weeping men, dragged like sheep to the slaughterhouse by gallant criminals. The reality was that of thousands of men who fought in much more difficult conditions than on other fronts, in the midst of cold winter and the heat of the summer, without water, a fierce war with all the weaknesses and heroisms that have always marked the history of the wars. And let us not forget that the Italian front pushed over the three thousand feet, where the Italian and Austrian mountain troops fought a fierce fight not only against the enemy but also against the elements; from Lombardy

---

5   Cit. in Corselli, *Cadorna*, Milano 1937, p.559.

6   Cit. in ibid.

7   August von Cramon, *Unser österreichisch- ungarischer Bundsgenosse im Weltkriege*, Berlin 1919 (tr. it. *Quattro anni al Gran Quartiere Generale Austro-ungarico*, Palermo 1924), pp. 199- 200.

to Friuli, from Adamello to Gran Zebrù, from Ortles to Cevedale, from the Dolomites to Carnia, with galleries excavated in rock and snow, hand-raised cannons beyond the line of perennial snow, a war made not of great battles but of patrols on skis, of mines excavated and exploded under the tops, of shots at a height never reached before the war (and not reached during the Second Battle of the Alps in 1944-45 in Val d'Aosta from alpine and paratroopers of RSI, and French *chasseurs des Alpes*). As a conclusion, we will report what has been written by one of the two German military chiefs, General der Infanterie Erich Ludendorff, who denies many affirmations on the Italian front, re-establishing the truth about the decisive importance of the Italian-Austrian front in the general context of the conflict:

The misfortune of our ally was a disaster for us as well. The adversary knew just like us that Austria-Hungary had with this attack thrown all its weight in the balance of the war. From this moment on, the Danube Monarchy had ceased to be a danger to Italy,
Hindenburg wrote in his own memoirs. [8]

Even more explicit was Ludendorff, who in 1918 was *de facto* the military dictator of imperial Germany:

The Austrian Command was confident of victory; General Arz indicated the Po Valley as the destination.
My pretensions became even blacker when I learned that the Austro-Hungarian offensive had been delayed on June 15th. In those days and in the following, all the attention of Hindenburg and mine was concentrated on the Italian front. We intend that there was something decisive, perhaps the decision, for the further course of the war. When we arrived from the second day of the battle, the news that the offensive had failed and that the Austro-Hungarian army troupe of Marshal Conrad, on whom we had the highest rank, had been so hard-pressed and had suffered so serious losses that were incapable of effort, we felt the game was lost. The decision that until then was to be expected on the French front suddenly moved, assuming very large proportions for its repercussions, on the Italian front, which until then could only be considered a theatre of secondary operations. Serious news on the proportions of the Austrian defeat came to us in the following days.
Austria had reported a defeat that could be decisive.
One could no longer rely on the transport of Austro-Hungarian contingents to the German front
It was doubtful that Austria itself could withstand a strong Italian attack. And if Austria fell, as we had reason to fear, the war was lost.
For the first time, we had the feeling of our own defeat. We felt alone.
We saw the victory that we were already sure to get away from the mists of Piave.
I did not fail to communicate to Emperor Wilhelm that, because of the events taking place on the Italian front, the game was very difficult, that the risk of losing the war was running, and that therefore it was time to start negotiations to [obtain] an acceptable peace.[9]

---

8   Paul von Hindemburg, *Dalla mia vita*, trad. it. Rome 1925, p.249.
9   Letter from Ludendorff to Count Lerchfeld, November 7, 1919.

LA GUERRA ITALO-AUSTRIACA 1915-1918 PERCHÈ RICORDARLA CENT'ANNI DOPO?

Di Pierluigi Romeo di Colloredo Mels

La Prima Guerra Mondiale ha segnato il punto più alto raggiunto dall'Italia nella sua millenaria storia. Un esercito inferiore per tradizioni, storia, addestramento, a quello austro-ungarico, considerato il miglior esercito europeo dopo quello tedesco, dopo aver combattuto strenuamente per ben undici offensive era stato sul punto di vincere la guerra senza aiuto degli alleati nel 1917 – tanto che l'Austria dovette chiedere l'aiuto dell'alleato germanico – e, quando venne travolto a Caporetto nell'ottobre dello stesso anno, seppe fermare sul Grappa e sul Piave l'avanzata avversaria, senza aiuto, ancora una volta, dei franco-britannici, e infine vincere nell'ultima offensiva iniziata il 24 ottobre, ad un anno esatto dallo sfondamento a Caporetto. Tutto questo a prezzo di sacrifici enormi, nel Paese e al fronte, al costo di 680.000 morti, infliggendo al nemico perdite superiori alle proprie. La stessa nazione, malgrado momenti di sbandamento, come i tentativi di insurrezione sovversiva a Torino con i socialisti massimalisti ben finanziati dai germanici, e l'opposizione e la sistematica propaganda sotterranea del clero filoasburgico e reazionario, aveva dato un'ottima prova di coesione e di produttività. Soprattutto aveva smentito il vecchio mito degli italiani che non si battono. Si erano battuti, ed avevano vinto: quella stessa Italia che sessant'anni prima Metternich aveva definito con divertito disprezzo *espressione geografica* era riuscita dove avevano fallito Solimano il Magnifico, Gustavo Adolfo di Svezia, Federico il Grande e Napoleone, spezzando il collo all'*odiata austriaca gallina* per sempre.

Una precisazione circa la numerazione delle battaglie sull'Isonzo ci sembra necessaria. Il numero di dodici battaglie dell'Isonzo è convenzionalmente accettato da tutti gli storici: ciò perché viene ripresa la numerazione austriaca, che denominò quinta battaglia la dimostrazione offensiva del marzo- aprile 1916, richiesta dagli alleati per alleggerire la pressione contro Verdun, e settima, ottava e nona le brevi *spallate* carsiche del settembre- novembre 1916, che a rigore non meriterebbero di essere chiamate battaglie o offensive. Durante la guerra mondiale, a scopo di propaganda, scrittori e giornalisti austriaci compendiavano in scritti di propaganda in opuscoli, articoli e riviste, la lotta sul fronte carsico- isontino allo scopo di aumentare, anche numericamente, l'entità degli sforzi italiani ed il valore della difesa delle truppe del Boroevich. Per lo stesso motivo, non compaiono nel computo delle battaglie isontine le contro- offensive austriache, sempre conclusesi con insuccessi o con lievi- e transitori- recuperi del terreno perso durante le *spallate* italiane. Per tale motivo gli autori austriaci classificarono, secondo la denominazione accettata anche oggi:

1a, 2a, 3a e 4a battaglia, le offensive del 1915.

5a battaglia, la dimostrazione offensiva del marzo- aprile 1916.

6a battaglia, la presa di Gorizia.

7a, 8a, e 9a battaglia, le spallate di limitata entità del settembre- novembre 1916 sul Carso.

10a battaglia, l'offensiva del maggio 1917.

11a battaglia, la conquista della Bainsizza.

12a battaglia, lo sfondamento del fronte della 2a Armata da parte degli austro- tedeschi, o battaglia di Caporetto.

Si tratta delle *spallate* isontine e carsiche tanto criticate dai critici da caffè, ma che contribuirono a distruggere il morale degli imperiali. Scrisse Antonio Sema che:

L'incidenza delle pesanti perdite sul morale, scrisse Antonio Sema, *porta ad una situazione di progressivo indebolimento del soldato austro- ungarico sull'Isonzo. Nella seconda metà del 1916, infatti, gli italiani notano un calo di tono morale perché l'immagine dell'esercito italiano vile contrasta con la micidialità del fronte dell'Isonzo che le truppe temono, preferendo l'invio su quello russo. Le unità austro-ungariche provenienti da quel fronte a fine 1916 appaiono infatti con morale più elevato di quelle costrette a subire il mattatoio isontino*[1].

Una conferma si trova nel libro di Hofbauer, che scrisse:

Andavano verso nord. S' allontanavano dal Carso. Che gioia! Forse andavano in Russia. Quel fronte non era perfido come questo Isonzo. Ah, non vederlo più questo mucchio di pietre![2].

Oggi la battaglia della Bainsizza è dimenticata. Eppure il Comando Supremo italiano con la battaglia della Bainsizza (ovvero XI battaglia dell'Isonzo) riuscì ad ottenere i maggiori guadagni territoriali raggiunti da un esercito alleato sul fronte occidentale sin dalla battaglia della Marna del 1914, quando Joffre aveva fermato l'offensiva germanica su Parigi. Come scrive la relazione ufficiale italiana, fu:

Una delle più grandiose operazioni di tutta la guerra, una delle più brillanti offensive svolte sull'intero scacchiere europeo, una delle maggiori vittorie- militarmente, forse, la maggiore- del nostro Esercito[3]

Un buon riassunto dei risultati dell'offensiva che è opportuno conoscere è quello del generale Arz von Straussemburg, Capo di Stato Maggiore austro- ungarico:

La battaglia della Bainsizza... se sull'altopiano carsico permise al nostro avversario di superare la prima linea e di compiere qualche piccolo passo nella zona di Selo, rappresentò un notevole pericolo per tutta la nostra sistemazione difensiva, specie a sud della testa di ponte di Tolmino. Il nemico riuscì infatti a superare l'Isonzo ad Auzza, si spinse oltre il Vhr- operando quindi una rottura in corrispondenza della seconda linea- mise piede sullo Jelenik e travolse le posizioni tra questo monte e Desola, minacciando in tal modo di aggiramento tutte le nostre residue difese. Il ripiegamento sull'orlo dell'altopiano della Bainsizza- Lom, se sottrasse per qualche tempo le truppe austro- ungariche ai tiri delle batterie italiane, non consentì più di sfruttare l'ostacolo naturale dell'Isonzo[4].

Fin troppo spesso si dimentica come alla lunga le sempre vituperate spallate si dimostrarono vincenti, tanto da portare l'Austria- Ungheria sull'orlo della disfatta: nel corso dell'Undicesima battaglia dell'Isonzo, nota anche come battaglia della Bainsizza, negli alti Comandi austriaci cominciò a diffondersi la preoccupante certezza che il ripetersi delle offensive italiane, le tanto criticate spallate di Cadorna, avrebbe potuto portare entro pochissimo tempo al cedimento del fronte ed allo sfondamento italiano verso Lubiana.

Ludendorff ricordò nelle proprie memorie come a Spa si temesse che, senza l'intervento tedesco, l'esercito austro- ungarico potesse defezionare (così testimoniò il Quartiermastro Generale stesso) al principio dell'inverno:

Alla fine di agosto era cominciata sulla fronte dell'Isonzo l'11a battaglia dell'Isonzo, su un'ampiezza di settanta

1   Antonio Sema, La Grande Guerra sul fronte dell'Isonzo, Gorizia 2009, p.266. Va detto che mancano studi sui metodi usati per l'imposizione della disciplina nell'esercito austro-ungarico, sicuramente altrettanto ferrei di quelli italiani, tanto biasimati. L'unico lavoro a nostra conoscenza, assai scarno e datato, è quello di H. Hautmann, Kriegsgesetze und Militärjustiz in der österreichischen Reichshälfte 1914- 1918, in Justiz und Zeitgeschichte. Veröffentlichung der L. Boltzmann Institut, Salzburg 1977, pp. 101- 115.

2   Hofbauer, Der Marsch ins Chaos, Wien 1930, p. 69 della trad. it.

3   Ufficio Storico SME, L'Esercito Italiano nella Grande Guerra, vol. IVº. Le operazioni del 1917, tomo 3 Gli avvenimenti dall'ottobre al dicembre, Narrazione, Roma 1967, p.10.

4   Arz von Straussemburg, cit. in Primicerj, Lubiana o Trieste, Milano 1986, pp.239-240.

◄ 1915 The most famous Italian proponent of war: Gabriele D'Annunzio, here surrounded by cavalry officers.
1915 Il più famoso degli "interventisi": Gabriele D'Annunzio, qui circondato da ufficiali di cavalleria italiani.

chilometri, e aveva portato successo agli Italiani. Al principio di settembre si continuò accanitamente la lotta. Fu un nuovo successo per gli Italiani. Le armate austro-ungariche avevano resistito, ma le loro perdite erano state tanto gravi e il loro morale così scosso che nei competenti circoli militari e politici dell'Austria- Ungheria entrò la convinzione che le armate austro- ungariche non sosterrebbero una continuazione della battaglia e un dodicesimo attacco sull'Isonzo. (...) Si dovette decidere l'azione contro l'Italia per impedire la rovina dell'Austria Ungheria[5].

Ancora più esplicito fu Hindenburg:

Il nostro alleato austro- ungarico ci dichiarò che non avrebbe più avuto la forza di resistere ad un dodicesimo attacco sulla fronte dell'Isonzo. Tale dichiarazione aveva per noi grandissima importanza militare e politica: non si trattava soltanto della perdita della linea dell'Isonzo, ma benanche del crollo di tutta la resistenza nostra[6].

Uno dei migliori generali asburgici, il *General der Infanterie* Alfred Krauss scrisse nelle proprie memorie a proposito di Cadorna che

Se gli Alleati [ossia gli Imperi Centrali] non gli avessero con più forte mano strappato la palma della vittoria, passando essi stessi all'attacco nella dodicesima battaglia dell'Isonzo, egli avrebbe, nel dodicesimo attacco al quale egli avrebbe spinto con forte volontà i suoi Italiani, rotto certamente il fronte e si sarebbe impadronito di Trieste.

L'ufficiale tedesco di collegamento tra i due Stati Maggiori, generale von Cramon fu lapidario, riportando come sia a Vienna che a Berlino

Fosse stato preveduto (...) durante l'estate 1917 che il crollo dell'Armata austro- ungarica era prossimo e certo[7]. Per questo gli orgogliosi viennesi furono costretti, *obtorto collo*, a chiedere l'aiuto (che portò allo sfondamento di Caporetto) dei detestati *prussiani*. Vogliamo ricordare cosa fu questa guerra riportando le parole dell'arciduca Giuseppe d'Asburgo, comandante delle truppe ungheresi, riferentisi al settore di Doberdò. Sono righe pochissimo note, ma assai importanti per la fonte da cui provengono e per la vivacità straordinaria, soprattutto per un generale della Grande Guerra, con termini verso i superiori che sarebbero stati impensabili per chi non fosse di stirpe imperiale:

(...) Vengano qui Conrad e Boroevich; vengano qui ad ordinare di tenere immancabilmente l'altipiano senza tuttavia stancare troppo le truppe. Qui, dove io riesco a stento a padroneggiarmi senza fuggire tappandomi il naso e gli occhi. Io sono completamente fuori di me; perché quello che ho visto oggi è talmente impressionante, che veramente devo essere felice perché non impazzisco in tale situazione. Almeno il mondo sapesse ciò che è la guerra e soprattutto ciò che è Doberdò! Fosse qui Dante a cantare l'inferno degli inferni, e nello stesso tempo queste grandi anime che qui tutto sopportano senza dire un sol motto!

(...) Con tutto l'animo debbo esprimere la mia meraviglia per gli Italiani; una simile pazienza tenace negli attacchi, con simili perdite, è qualcosa che non avevo mai visto!

Parecchi alti ufficiali che conosco mi dicono che è facile cosa la guerra contro gli Italiani. Non è vero! Lotte più terribili di quelle combattute a Doberdò, e nemmeno paragonabili a questa- io che pur ho girato su tutte le fronti- non ne ho mai viste!

Sono parole su cui meditare: prima la retorica nazionalista e poi la dissacrazione sistematica hanno finito per gettare nel dimenticatoio il sacrificio dei combattenti del fronte italiano, quasi che non esistesse una via di mezzo tra immagini oleografiche di eroi che avanzavano nel sole sventolando tricolori o bandiere con l'aquila bicipite ed offrendo il petto alle mitragliatrici nemiche e quelle opposte di masse di uomini piangenti, trascinati come pecore al macello da criminali gallonati. La realtà fu di migliaia di uomini che combatterono in condizioni assai più difficili che sugli altri fronti, in mezzo a pietraie gelide d'inverno e caldissime d'estate, senz'acqua, una guerra spesso feroce, con

5   Cit. in Corselli, Cadorna, Milano 1937, p.559.
6   Cit. in ibid.
7   August von Cramon, Unser österreichisch- ungarischer Bundsgenosse im Weltkriege, Berlin 1919
(tr. it. Quattro anni al Gran Quartier Generale Austro-ungarico, Palermo 1924), pp. 199- 200.

tutte le debolezze e gli eroismi che hanno sempre segnato la storia delle guerre. E non dimentichiamo che il fronte italiano si spingeva a quote eccedenti i tremila metri, dove le truppe da montagna italiane e austriache combattevano una lotta feroce non solo contro il nemico ma anche contro gli elementi; dalla Lombardia al Friuli, dall'Adamello al Gran Zebrù, dall'Ortles al Cevedale, dalle Dolomiti alla Carnia, con gallerie scavate nella roccia e nella neve, cannoni innalzati a mano oltre la linea delle nevi perenni, una guerra fatta non di grandi battaglie ma di pattuglie sugli sci, di mine scavate e fatte esplodere sotto le cime, di colpi di mano ad un'altezza mai raggiunte prima dalla guerra (e non raggiunta che nel corso della seconda battaglia delle Alpi nel 1944- 45 in val d'Aosta da alpini e paracadutisti della RSI e *chasseurs des Alpes* francesi).

Come conclusione allora riporteremo quanto scritto dai uno dei due Capi militari della Germania, il *General der Infanterie* Erich Ludendorff, che smentisce molte affermazioni sul fronte italiano, ristabilendo la verità circa l'importanza decisiva del fronte italo- austriaco nel quadro generale del conflitto:

La disgrazia del nostro alleato era una disgrazia anche per noi. L'avversario sapeva al pari di noi che l'Austria Ungheria aveva con questo attacco gettato tutto il suo peso nella bilancia della guerra. Da questo momento la Monarchia danubiana aveva cessato di essere un pericolo per l'Italia,

scrisse Hindemburg nelle proprie memorie[8].

Ancora più esplicito fu Ludendorff, che nel 1918 era *de facto* il dittatore militare della Germania imperiale:

Il Comando austriaco si diceva sicuro della vittoria; il generale Arz indicava come meta la valle del Po.

I miei presagi divennero ancora più neri quando appresi che l'offensiva austro- ungarica era stata differita al 15 Giugno. In quei giorni e nei seguenti tutta l'attenzione di Hindemburg e la mia erano concentrate sulla fronte italiana. Intuivamo che colà avveniva qualche cosa di decisivo, forse la decisione, per l'ulteriore corso della guerra. Quando ci giunse, fin dal secondo giorno della battaglia, la notizia che l'offensiva era fallita e che le truppe austro- ungariche del gruppo d'armate del Maresciallo Conrad, sulle quali facevamo il massimo assegnamento, erano state così duramente provate ed avevano subito perdite così gravi che erano incapaci di uno sforzo, sentimmo che la partita era perduta. La decisione che fino allora era da attendersi sul fronte francese improvvisamente si spostava, assumendo assai vaste proporzioni per le sue ripercussioni, sul fronte italiano, che sino ad allora non poteva che essere considerato un teatro di operazioni secondario.

Notizie più gravi sulle proporzioni della sconfitta austriaca ci giunsero nei giorni successivi.

L'Austria aveva riportata una sconfitta che poteva essere decisiva.

Non si poteva più fare affidamento sul trasporto di contingenti austro- ungarici sul fronte tedesco

Era dubbio che l'Austria stessa potesse resistere ad un forte attacco italiano. E se l'Austria cadeva, come avevamo ragione di temere, la guerra era perduta.

Per la prima volta avemmo la sensazione della nostra sconfitta. Ci sentimmo soli.

Vedemmo allontanarsi tra le nebbie del Piave la vittoria che eravamo già sicuri di ottenere sul fronte francese.

Non mancai di comunicare all'imperatore Guglielmo che, a causa degli avvenimenti svoltisi sul fronte italiano, la partita si faceva molto difficile, che si correva il rischio di perdere la guerra, e che perciò era tempo di iniziare trattative per [ottenere] una pace accettabile[9]

---

8   Paul von Hindemburg, Dalla mia vita, trad. it. Roma 1925, p.249.

9   Lettera di Ludendorff al conte Lerchfeld del sette novembre 1919.

THE ITALIANS

GLI ITALIANI

◄ Italian soldiers in fatigue dress 1915-1916

Militari in corvée I tre militari sono nell'uniforme da fatica in tela di cotone bigio del modello di fine '800, tenuta che rimarrà ancora in uso per tutta la durata del conflitto. L'uniforme bianca, portata dal soldato sulla destra, era invece del tipo in uso nei reparti di cucina, salmeria o sanità.

1915 ITALY DECLARED WAR TO AUSTRIA HUNGARY
24 MAGGIO 1915 L'ITALIA DICHIARA GUERRA ALL'AUSTRIA-UNGHERIA

◄ **1915** The Alpine (Italian mountain soldier) family posing in front of the photographic camera before leaving for war …

*1915 **La famiglia dell'alpino**. Suggestiva immagine di questo padre di famiglia arruolato negli alpini. Prima di raggiungere il fronte vuole farsi scattare una foto ricordo con moglie e i due piccoli figlioli presso lo studio del fotografo del suo paese.*

▼ **1915 Italian lancer** of a Line cavalry regiment with his typical XIX century steel helmet.

*1915 **Il lanciere Eugenio Pecchi** a cavallo nella Bella uniforme grigio Verde e IL tradizionale elmetto metallico, antica reminiscenza delle guerre risorgimentali, che tuttavia rimarrà in uso fino alla seconda Guerra mondiale.*

◄ **1915** The Real carabiniere Luigi Pecchi, the photo portrays him in uniform with the classic "lucerne" cap covered with camouflage rack and the frieze of the black-embroidered weapon. The weapon is the Vetterli rifle..

1915 Il carabiniere reale Luigi Pecchi, la foto lo ritrae in divisa con la classica " lucerna " rivestita di telino mimetico ed il fregio dell'arma ricamato con filo nero. L'arma è il fucile Vetterli.

▼ **1915** Italian infantry *84th Regiment Brigade Venezia* with the typical uniform of the first war year. The cap was largely replaced only in 1916 by the traditional French helmet Adrian.

1915 Fanteria italiana 84° Reggimento Brigata Venezia con la tipica uniforme con cui inizio il conflitto. Il berretto venne sostituito massimamente solo nel 1916 dal tradizionale elmetto metallico Adrian di derivazione francese.

1916 THE RED CROSS AND THE SERVICES
1916 LA SANITÀ E I SERVIZI NELLE RETROVIE

◄ **1916** Military "Fiat 15 Ter" track ambulance used to transport the wounded from the front to the hospitals near the first line.

1916 Autocarro-ambulanza "Fiat 15 Ter" Della Sanità Militare usato per trasportare i feriti dal fronte fino agli ospedali posti in prossimità della prima linea.

▼ **1915** Two non-commissioned officers and a private of health services in posing. We are in 1915 because the two graduated gallons are still of the old type of yellow-gold, which will soon become black. The two soldiers on the right carry the whips usually supplied to the cavalry wards..

1915 Due sottufficiali e un militare di sanità in posa. Siamo nel 1915 poiché i galloni dei due graduati sono ancora del vecchio tipo di colore giallo-oro, che presto diverranno neri. I due militari sulla destra portano i frustini usualmente in dotazione ai reparti di cavalleria.

◄ **1916 The best youth.** In the picture taken in a north-Italy hospital, show two heroes, both alpine officers. At left Santino Calvi, Lieutenant of Btg. Bassano, and between the two doctors the alpine lieutenant Camillo Damiani, who fell on Mount Pasubio on 10-09-1916 during an assault.

*1916 **La meglio gioventù** Nella foto presa nel marzo del 1916 all'ospedale di Bergamo si vedono due eroi bergamaschi, entrambi ufficiali alpini. A sinistra Santino Calvi, tenente del Btg. Bassano, e fra i due medici il tenente degli alpini Camillo Damiani di Clusone, caduto sul monte Pasubio il 10-09-1916 durante un assalto.*

▼ **1916** The operating room of a territorial hospital. The looks of the medical staff towards the photographer give the whole picture a terrible expressive force.

1916 La camera operatoria di un ospedale territoriale. Gli sguardi dei sanitari verso l'obiettivo, quel seghetto pronto all'azione, danno all'immagine una terribile forza espressiva.

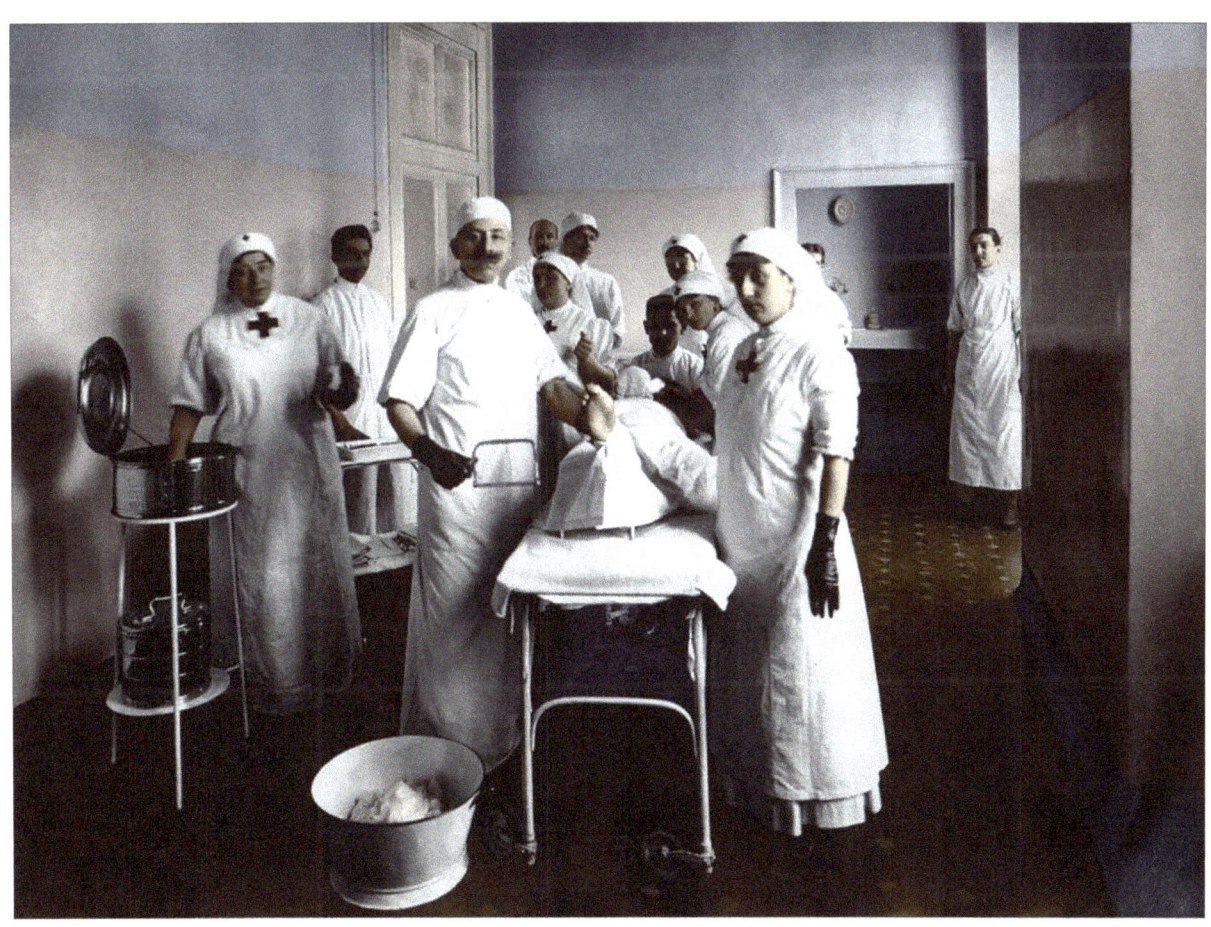

THE ITALIAN CHILDREN AND THE WAR
I BAMBINI ITALIANI E LA GUERRA

◄ **1915** In alpine uniform posing for the photo the son of Caporale Mattia Pietro, of the 2nd Rgt. Alpine, 218th Company, Battaglione Val Maira. Photo taken on October 2, 1915. Probably too big for him, the hat with the pen seems to recall the absence of his father.

1915 In divisa da alpino ecco il figlio del Caporale Mattia Pietro, del 2° Rgt. Alpini, 218a Compagnia, Battaglione Val Maira. Foto scattata il 2 ottobre 1915. Probabilmente troppo grande per lui, il cappello con la penna sembra richiamare l'assenza del padre.

▼ **1918** Young Italian children playing soldiers in a Small Venetian village. from K.u.k. Kriegspressequartier, Lichtbildstelle - Wien

1918 Ragazzini italiani giocano alla guerra davanti ad una chiesa di un paesino del veneto occupato dagli austriaci. Interessante notare l'uso di elementi nazionali come l'elmetto italiano, evidentemente tollerato dal reporter austriaco or,mai conscio della sconfitta finale.

THE WAR HEROES

GLI EROI DI GUERRA

◄ **1917-1918** bombing aircraft of type CA 478. These means were part of the 87th Squadrill Airplane with large-ranging reconnaissance and bombardment assignments.

Departing for Vienna. The Aviator Antonio Locatelli, three gold medals, portrayed on the plane used in flight on Vienna on August 9, 1918, organized by D'Annunzio.

1917-1918 Caproni da bombardamento del tipo CA 478. Questi mezzi facevano parte dell'87a Squadriglia Aeroplani con incarichi di ricognizione a grande raggio e di bombardamento.

In partenza per Vienna L'aviatore Il bergamasco Antonio Locatelli, tre medaglie d'oro, ritratto sull'aereo usato nel volo su Vienna del 9 agosto 1918 organizzato Da D'Annunzio.

▼ **1916** Leidi and Calvi brothers on the Montozzo mountain. Alpine and decorated Italian soldiers, the Leidi family would be fortunate to go home all safe, while the Calvi lost 4 brothers in the Great War.

1916 Alcuni fratelli Leidi con Santino Calvi al Montozzo. Soldati bergamaschi alpini e decorati, I primi avranno la fortuna di tornare a casa tutti salvi, mentre I Calvi persero ben 4 fratelli nella Grande Guerra. .

l buol y animali

ARTILLERY MEN, BOMBS AND GUNS
ARTIGLIERI, BOMBE E CANNONI

◄ **1915** Italian artillery men in pause belonging to the 56th Artillery Regiment Casale. original color photo

1915 Artiglieri in riposo appartenenti al 56° Reggimento di artiglieria Casale foto colorata originale

▼ **1917** This beautiful image gives the idea of the destructive power these bombs had to cause once they were launched and exploded on enemy lines. Yet the soldier is sitting on bullet, almost caresses him.

1917 Bombe e ancora bombe Questa bella immagine dà l'idea della potenza distruttiva che queste enormi bombe dovevano provocare una volta lanciate ed esplose sulle linee nemiche. Eppure il soldato sta seduto sul proiettile, quasi lo accarezza.

☛ Next pages: **1915** Heavy navy cannon mounted on railway wagon and the artillery regimental staff responsible for dealing with the weapon.

1915 Pesante cannone Da marina montato su vagone ferroviario fotografato insieme a tutto il relativo personale di artiglieria addetto al pezzo

PRISONERS AND THE WAR AT THE FRONT
PRIGIONIERI E LA GUERRA AL FRONTE

◄ **1916** Two Italian prisoners just captured, in Dornberg, Slovenia.

1916 Due prigionieri italiani appena catturati, a Dornberg, in Slovenia.

▼ **1916** Life in the trench. This was for four long years the home of millions of soldiers, forced to live in frightful hygienic conditions.

*1916 **Tutti in trincea**. Questa fu per ben quattro lunghi anni l'abitazione di milioni di soldati, costretti a convivere in condizioni igieniche spaventose.*

☞ Next pages: **1918** Italian soldiers on Piave river line. All the men carry British production SBR masks.

1918 Fanti italiani sul Piave. Tutti portano maschere SBR di produzione britannica.

◄ **1916** The command of the 33rd Group of Field Artillery, February 1, 1916,

1916 Il comando del 33° Raggruppamento artiglieria da campagna, 1 febbraio 1916, alla destra del Cap. Bitossi.

► **1915** The first easy triumphs. Two Italian soldiers near an Austrian border ensign in Carnia.

1915 I primi facili trionfi. Due soldati posano vicino ad una insegna di confine austriaca in Carnia.

▼ **1917** July 27 Artillery of the Italian Army with a 95-mm artillery piece in the position on Mount Magnaboschi in the mountains of Asiago.

1917 27 luglio Artiglieri dell'esercito italiano con un pezzo di artiglieria da 95 mm in postazione sul Monte Magnaboschi nell'Altopiano di Asiago.

◄ **1918 After the night attacks**. The black band at the arm of the major indicates the loss in battle of a first-degree relative

*1918 **Dopo gli attacchi notturni**. La fascia nera al braccio del maggiore indica la perdita per cause belliche di un parente di primo grado .*

► **1918** Military chefs find the time to joke in the midst of the tragedy of the war.

1918 I cuochi militari trovano anche il tempo per scherzare in mezzo alla tragedia della guerra

▼ **1918** Italian officers disguised as civilians, ready to go beyond enemy lines to gather information.

1918 Ufficiali italiani travestiti da civili, pronti a oltrepassare le linee nemiche per raccogliere

◄ **1915** Two seated alpins (Italian mountain troops) photographed by Eugenio Goglio.

1915 Due alpini seduti fotografati da Eugenio Goglio. Il grande fotografo bergamasco autore di diverse immagini presenti nel libro.

► **1915** The future pope Giovanni XXIII in the role of sergeant of health services.

*1915 **Militare nella sanità** L'avventura Militare di Angelo Roncalli futuro Papa Giovanni XXIII, inizia il 23 maggio 1915, quando viene richiamato alle armi, nel Regio Corpo della Sanità Militare, con il grado di sergente. Di recente nominato patrono dell'esercito!*

▼ **1918** May children and civilian population of the Veneto occupied by the Austrians. Photos of propaganda where two Austro-Hungarian soldiers also appear. By the K.u.k. Kriegspressequartier, Lichtbildstelle - Wien.

1918 Maggio bambini e popolazione civile del Veneto occupato dagli austriac. Foto di propagnada in cui compaiono anche due soldati austro-ungarici. A cura del K.u.k. Kriegspressequartier, Lichtbildstelle - Wien.

◄ **1915** The soldier with the family is an auxiliary of the Artillery Train with the fatigue uniform mod.1912. The star on the cap in general indicated the services corps.

1915 Il soldato con la famiglia è un ausiliario del Treno d'Artiglieria con l'uniforme da fatica mod.1912. La stella sul berretto in generale indicava i servizi, ad esempio le Salmerie. La mano della moglie sfiora quella di lui, a significare l'apprensione.

▼ **1917** Large gun placed on Col Vaccher, December 30, 1915

1917 Grosso obice piazzato sul Col Vaccher, 30 Dicembre 1915

☞ Next pages: **1917** Photograph with prisoners of the central powers captured by the Italians. Among the Italians, certainly the 77th infantry soldier (Brigade Tuscany), sitting in the middle of the first row. On his right a soldier in fatigue and hat mod. 1909 of health care departments..

1917 Fotografia con prigionieri delle potenze centrali catturati dagli italiani. Fra gli italiani, certamente il soldato del 77° fanteria (brigata Toscana), seduto nel mezzo della prima fila. Alla sua destra un soldato in tenuta da fatica e cappello mod. 1909 dei reparti di sanità.

◄ **1917** A group of "arditi" (Italian assault troops). Note the weaponry by flamethrower, a grenade launcher, and anti-glare masks. The "arditi" received a very hard training, with the use of real grenades and ammunition, with the study of assault techniques and body-to-body combat..

1917 Gruppo di arditi pronti all'assalto armati fino ai denti. Notare l'armamentario da lanciafiamme, un lancia granate e le maschere antigas. Gli arditi ricevevano un addestramento molto duro, con l'uso di granate e munizionamento reale, con lo studio delle tecniche d'assalto e del combattimento corpo a corpo.

▼ **1916** Italian soldier of a cavalry regiment in Barracks.-fatigue dress.

1916 Soldato italiano di un reggimento di cavalleria in tenuta da caserma.

TOWARDS THE END OF THE WAR

VERSO LA FINE DELLA GUERRA

◄ **1915** The Donazelli brothers "go to war" born in 1899 and 1898 respectively. They fought in the First World War as alpine.

1915 I fratelli Donazelli "vanno alla guerra"nati rispettivamente nel 1899 e nel 1898. Combatterono nella Prima Guerra Mondiale come alpini.

▼ **1918** Dead Italian soldier in the trench on the Piave river _ K.u.k. Kriegspressequartier, Lichtbildstelle - Wien copia

1918 Soldato italiano morto in una trincea a ridosso del Piave. Foto del K.u.k. Kriegspressequartier, Lichtbildstelle - Wien

☞ Next pages: **1918** End of the war, At left portrait of a single Alpine (Italian mountain soldier) at right : Group portrait of Alpine soldiers with the medal pinned on the chest.

1918 A sinistra: ritratto dell'alpino Ai tempi Della grande Guerra molti fotografi iniziarono a catalogare le "negative", come si diceva allora, tenendole a disposizione dei parenti in caso di scomparsa del congiunto. A destra: Ritratto di gruppo di alpini reduci con la medaglia appuntata sul petto. L'espressione dei soldati mostra la soddisfazione d'aver compiuto il proprio dovere, senza inutili fronzoli ed esibizionismi.

THE
AUSTRO-HUNGARIAN

GLI AUSTRO-UNGARICI

◄ 1917 Dangerous operation around a 12cm shrapnel bullet. K.u.k. Kriegspressequartier, Lichtbildstelle - Wien
1917 Pericolosa operazione attorno alla spoletta a tempo di un proiettile shrapnel da 12cm.

1915 A NEW FRONT FOR AUSTRIA-HUNGARY
SCATTA L'ATTACCO (SENZA SORPRESE) DELL'ITALIA ALL'IMPERO AUSTRIACO

◄ **1915** The soldier's rest ... Austrian officer plays chess and plays the guitar in the official circles in the Military backlinks of the Trentino.

1915 Il riposo del soldato… Si gioca a scacchi e si suona la chitarra nel circolo ufficiali austriaci posto nelle retrovie trentine.

▼ **1917** Austrian-Bosnian troops in March in the Soča Valley (Isonzo) On October 15, 1917, the Isonzo delimited the state borders between Italy and Austria. Here was the theater of the largest military operations on the Italian front from 1915 to 1917. Twelve Bloody battles of Isonzo river, where among over 300,000 Italians and Austro-Hungarians soldiers fell.

1917 Truppe austro-bosniache in Marcia nella Valle di Soča (Isonzo) IL 15 ottobre 1917. l'Isonzo delimitava al tempo i confini di stato fra Italia ed Austria e fu teatro delle maggiori operazioni militari sul fronte italiano dal 1915 al 1917, Celebri le sanguinose dodici battaglie dell'Isonzo, dove caddero oltre 300.000 tra italiani e austro-ungarici.

◄ **1917** The Austrian cavalry General Franz Rohr von Denta. Responsible for the task of defending the south-western frontier of the Empire following the Italian declaration of war.

1917 il general Franz Rohr von Denta. responsabile della difesa della frontiera sud-ovest all'atto della dichiarazione di guerra degli italiani nel 1915, egli venne nominato capo del Gruppo d'Armata "Rohr".

► 1916 Austrian Verteidiger der Foramestellung. Soldier-defender of mountain casemate.

1916 Kaiserjager austriaco addetto alle fortificazioni in montagna (Verteidiger der Foramestellung)

▼ **1916** Officers Commanders of "Spezialtruppen des Stabsbataillons" in Levico

1916 Levico (TN) Ufficiali istruttori delle truppe speciali d'assalto: "Spezialtruppen des Stabsbataillons"

THE GREAT WAR IN THE DOLOMITES
LA GUERRA SULLE MONTAGNE DEL TRENTINO: LA PRIMA LINEA

◄ **1915** July, A Skoda mortar of 30,5 cm mortar (battery 19) placed at Levico. Very interesting photo because in the picture there is also a German soldier (with pikelhaube) to indicate the presence of the AlpenKorps in the area!

1915 luglio, Batteria di mortaio Skoda 19 da 30,5 cm posto alla funivia di Levico. Foto molto interessante perché nell'immagine appare anche un soldato tedesco (con pikelhaube in testa) ad indicare la presenza in zona dell'AlpenKorps!

▼ **1916** Austrian officers instructors of Sturmbattalion in Levico (near Trento).
1916 Gruppo di ufficiali istruttori dei Sturmbattalion a Levico.

☞ Next pages: **1915** Officers and staff of the fortification of Werk Sommo (under the command of Oberleutnant Rudolf Califius), south front, Trentino, near Folgaria.
1915 Ufficiali e truppa del forte (Werk) Sommo, al comando del forte fu il capitano Rudolf Kalifius, con una guarnigione di 6 ufficiali e 162 uomini di truppa. Il forte si trovava a Folgaria nel Trentino.

◄ **1916** Triangular operating table located at the Austrian State Force in Levico. (today the same table is preserved in the fortress Werk hill of the Benne in Levico)

1916 Tavolo operativo da triangolazione sito presso lo stato maggiore delle forze austriache a Levico. (oggi lo stesso tavolo è conservato nel forte Werk colle delle Benne a Levico)

▼ **1916** Levico (near Trento). Unloading the approx. 4,000 kg. of an heavy machinery to a fast press.

1916 Levico (TN), macchinoso prelievo dall'allora (e attuale) municipio di una pesante macchina da stampa veloce di oltre 4000 kg.

◄ **1918** May, Flood-light with listening equipment for planes Possibly near San Stino, Veneto; photographer Kriegsvermessung K.u.k. Kriegspressequartier, Lichtbildstelle - Wien

1918 maggio, postazione faro-riflettore antiaereo, impiantato a San Stino di Livenza vicino a Portogruaro nel Veneto orientale allora occupato dalle forze austro-ungariche.

▼ **1917 20,** December, an Austrian officers groups in Levico (near Trento).

1917 20 Dicembre. Gruppo di ufficiali in posa per le vie di Levico (TN), opportunamente rinominate con toponimi tedeschi dal comando militare dallo scoppio della guerra.

THE STURM BATTALIONS
LE TRUPPE D'ASSALTO AUSTRO TEDESCHE

◄ **1917** March Exercises of the Sturmbataillons in Levico K.u.k. Kriegspressequartier, light image site - Vienna. In the small photo a man of Sturmbattalion.

1917 marzo. Addestramento di uno sturmbattalion a Levico. Nella immagine piccola un bel primo piano di un soldato degli Sturmbattalion.

▼ **1917** March Exercises with a medium mortar of the Sturmbataillons in Levico K.u.k. Kriegspressequartier, light image site - Vienna

1917 marzo. Addestramento di uno sturmbattalion a Levico all'uso di un mortaio di medio calibro.

☞ Next pages: **1917** April, 28. The feldmarschall Conrad visits the Sturmbataillon in Selva near Levico.

1917 28 aprile, Il Feldmaresciallo Conrad in visita ad un Sturmbataillon a Selva vicino a Levico

◄ **1917** March Exercises of the Sturmbataillons in Levico K.u.k. Kriegspressequartier, light image site - Vienna. Try assaulting an enemy trench..

1917 marzo. Addestramento di uno sturmbattalion a Levico. Prova di assalto ad una trincea nemica

◄ **1917** March Exercises of the Sturmbataillons in Levico K.u.k. Kriegspressequartier, light image site - Vienna. The barbed wire cutting

1917 marzo. Addestramento di uno sturmbattalion a Levico. Il taglio di filo spinato con una tranciatrice.

▼ **1917** March Exercises of the Sturmbataillons in Levico K.u.k. Kriegspressequartier, light image site - Vienna. crew of a Schwarzlose machine gun

1917 marzo. Addestramento di uno sturmbattalion a Levico. equipaggio di una mitragliatrice Schwarzlose.

THE YOUNG KAISER AND THE MISSED KAISER...

IL KAISER MANCATO E L'ULTIMO KAISER DEGLI ASBURGO

◄ **1914** Franz Ferdinand Carl Ludwig Joseph Maria (1863 – 1914) was an Archduke of Austria-Este, Austro-Hungarian, until his death, heir presumptive to the Austro-Hungarian throne. His assassination in Sarajevo precipitated Austria-Hungary's declaration of war against Serbia. This caused the start of the World War I.

1914 Francesco Ferdinando Carlo Luigi Giuseppe d'Asburgo Este (1863 -1914), fu arciduca della dinastia degli Asburgo in Austria ed erede al trono austro-ungarico. Il suo assassinio da parte di Gavrilo Princip a Sarajevo, rappresentò il pretesto impiegato dall'Impero austro-ungarico per dichiarare guerra alla Serbia, diventando quindi il casus belli della prima guerra mondiale.

▼ **1916** In January the Austrian Emperor Karl visited the front in South Tyrol.

1917 Nel gennaio l'imperatore Karl visitò intensamente tutto il fronte dolomitico.

☞ Next pages: **1918** Juin 23, Levico (TN). Archduke Friedrich present at the 11th Army Command.

1918 Levico 23 giugno, l'Arciduca Friedrich giunge all'11 ° Comando dell'esercito posto in una villa a nord dell'attuale villa Sissi.

◀ **1917** May 15, the kaiser Karl I visited Folgaria (Vielgereuth) with Schuhmann, Heinrich and K.u.k. War Press Room, Lichtbildstelle - Vienna

1917 15 maggio, l'imperatore Carlo I e il suo stato maggiore in visita al fronte nei pressi di Folgaria.

▼ **1917** March 26, His Majesty In the 10th Battle of Isonzo; area behind the Isonzo front, Karst;| Schuhmann, Heinrich and K.u.k. Kriegspressequartier, Lichtbildstelle - Wien

1917 26 marzo, l'Imperatore Carlo visita le truppe sul fronte dell'Isonzo.

THE STRANGE ITALIAN WAR
LA GUERRA FRA ALTI E BASSI

◄ **1917** February, Austro-Hungarian observation post in the Dolomite Alps. Notice the cute puppet on the entrance.

1917 febbraio, posto di osservazione austro-ungarico nelle Alpi dolomitiche. Notare il simpatico fantoccio posto sull'ingresso.

▼ **1917** April, an Italian plane following its forced landing at Maria Gail (Villach) .K.u.k. Kriegspressequartier, Lichtbildstelle - Wien

1917 aprile, una aereo italiano costretto ad un precipitoso atterraggio bei pressi di Maria Gail (Villach)

◄ **1916** October, A mortar of 10 Mod. 1908 placed at Levico (Dolomitic mountain). One of the soldier present in the image is *Friedrich Dirnböck born in Beyerbach (lower Austria)*

1916 ottobre, ripreso nella foto il soldato Friedrich Dirnböck artigliere austriaco nato a Beyerbach (Bassa Austria) insieme ad alcuni suoi camerati mentre armano un mortaio pesante da montagna da 10 cm mod. 1908 sul fronte dolomitico nei pressi di Levico.

▼ **1915** Idyllic trench scene at an infantry regiment; photographer- Korps Hofmann.

1915 Scherzosa scena di soldati austriaci in trincea. Si cerca in tutti i modi di scacciare l'angoscia della terribile guerra.

☞   Next pages: **1918** Crashed troops flock to trains near an Austro-Hungarian station in Carnia.

1918 Truppe allo sbando si accalcano sui treni nei pressi di una stazione austro-ungarica, probabilmente in Carnia

◄ **1915** Two kaiserjager in their full operative dress. This was one of the best trained and efficient military corps of the Kaiser Army.

1915 Due kaiserjager vestiti a tutto punto. Questo era uno dei corpi meglio addestrati ed efficenti dell'esercito del Kaiser..

▼ **1916** Wrecked horse-drawn wagons with German and Austrian-Hungarian soldiers, on the Italian front of Isonzo.

1916 Un carro d'artiglieria austro-tedesco colpito da un mortaio italiano e rovesciatosi su un ponte nei pressi del fronte dell'Isonzo

THE WAR IN THE SIDELINES
LA GUERRA DIETRO LE LINEE

◄ **1915** September 1918 exhibition of fresh vegetables in Veneto, near the front of Piave...

1918 settembre 1918 Raccolta di verdure fresche in Veneto. Questo tipo di immagini propagandistiche dovevano servire a far apparire l'occupazione austriaca meno dura di quanto pubblicizzato sul fronte opposto...

▼ **1916** Levico (Trient) Italian Ironing steam Of The Astrian filed-Laundry n° 31.Bügelraum.

1916 Levico (TN). Stiratrici italiane della lavanderia a vapore in campo. n°, 31.Bügelraum.

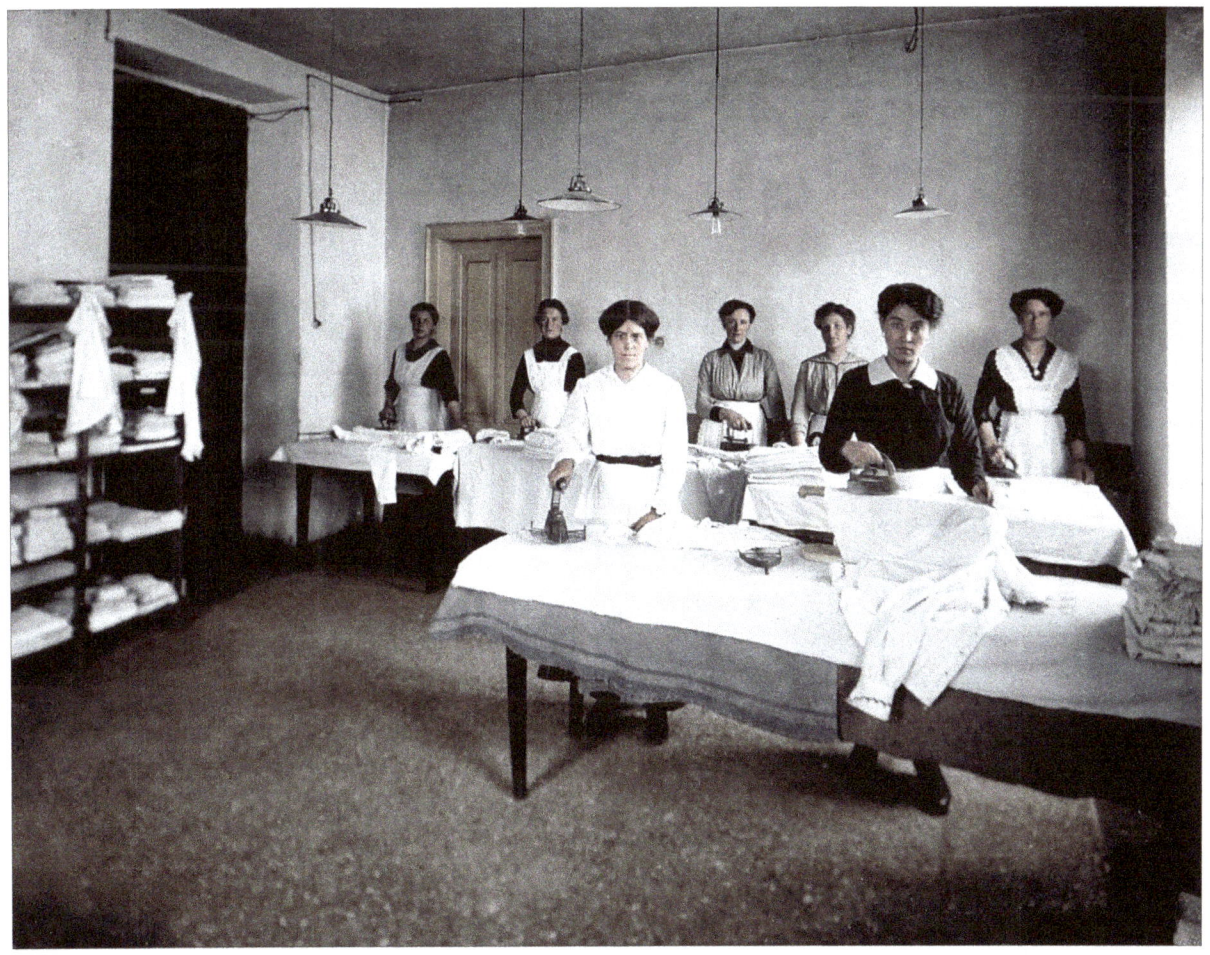

◄ **1917** Austro-Hungarian aviator on the Italian front, employed to pigeons postal service.

1917 Aviatori austriaci addetti al servizio postale dei piccioni viaggiatori.

▼ **1916** Austrian officers dining after the battle, probably on the Isonzo front

1916 Gruppo di ufficiali austriaci in un attimo di pausa durante la campagna delle battaglie Dell'isonzo.

☞ Next pages: **1915** Gun shield used in various ways by this Austrian infantryman.

1915 Curioso uso di scudo da cannone da parte di questo fantaccino austro-ungarico

1914-1918 WW1 VOLUMES ALREADY PUBLISHED OR IN WORKING

1914-1918 WW1 I LIBRI DELLA SERIE GIÀ DISPONIBILI E/O IN LAVORAZIONE

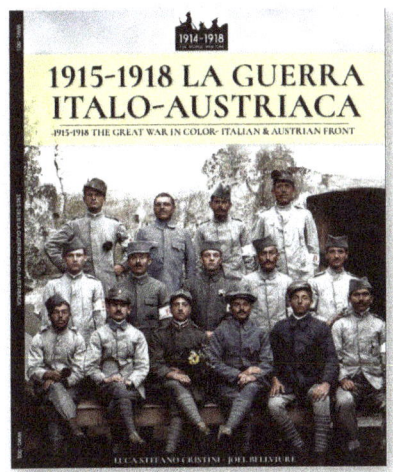
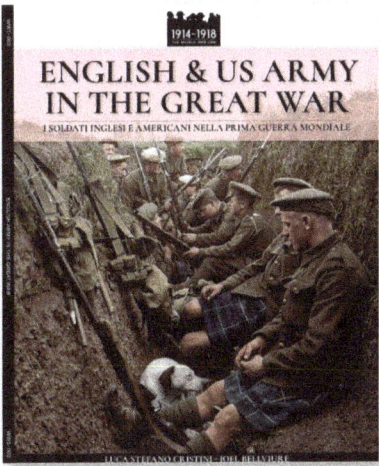
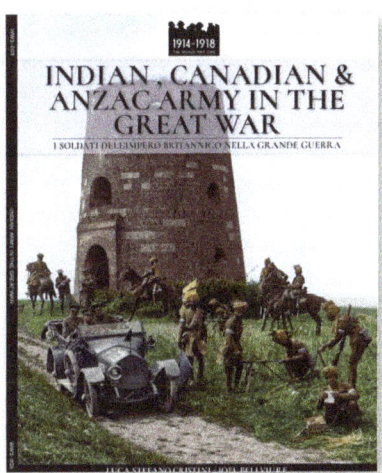

Books also in this series:

WW1-001 - 1915-1918 la Guerra Italo-Austriaca (The Great war in color -Italian & Austrian front)

WW1-002 - 1914-1918 German wartime propaganda

WW1-003 - 1915-1918 Italian pro & cons satire

WW1-004 - English & US Army in the Great War

WW1-005 - 1914-1918 French wartime satire

WW1-006 - Indian, Canadian & Anzac Army in the Great War

WW1-007 - German & French Army in the Great War

WW1-008 - Russian, Turkish and Balkan Army in the Great War

BOOKS TO COLLECT

www.ingramcontent.com/pod-product-compliance
Lightning Source LLC
Chambersburg PA
CBHW041147120626
46547CB00020B/3145